Bodo Rehfeldt

Das lustige
Lese-Klebe-Buch

Lesen - Ausschneiden - Kleben

Delfine

Books on Demand

Lesen lernen fällt vielen Kindern schwer. Buchstaben zu Wörtern und Wörter zu Sätzen zusammenfügen, ist oft eine Herausforderung. Diese dann gleichzeitig noch mit dem inhaltlichen Verstehen des Textes zu verbinden, macht häufiges Üben notwendig.

Dieses Buch hilft dabei, das Leseverständnis des Kindes zu üben.

Dem gelesenen Text sind die dazu passenden Bilder zuzuordnen. Da diese Bilder, sie befinden sich ab Seite 23 in diesem Buch, erst ausgeschnitten und dann auf der richtigen Seite noch eingeklebt werden müssen, kommt zum sinnerfassenden Lesen und der Vermittlung naturkundlichen Wissens über Delfine noch eine feinmotorische Übung dazu.

Zur Kontrolle, ob es auch die passende Illustration ist, steht auf der Rückseite des ausgeschnittenen Bildes die zugehörige Seitenzahl.

Wenn die Lesefertigkeit des Kindes noch nicht reicht, kann der Text auch vorgelesen werden. Sinnerfassung und Feinmotorik werden auch in diesem Fall geschult.

Viel Spaß und Erfolg mit diesem Buch!

© 2017
Bodo Rehfeldt
www.bodo-rehfeldt.de

Herstellung und Verlag:
BoD - Books on Demand, Norderstedt

ISBN 9783743173347

Basti geht oft mit dem Papa in den Zoo.

Heute rennt er jedoch bei den meisten Tieren schnell vorbei.

Papa kommt fast nicht hinterher.

Basti möchte heute unbedingt zu den Delfinen.

Sie sehen die Delfine hinter einer großen Glaswand.

Basti staunt:
„Das sind aber riesige Fische."

Doch Papa sagt:
„Delfine leben im Wasser. Sie sehen auch wie Fische aus.

Sie sind aber keine Fische."

Delfine sind Säugetiere.

Fische legen Eier.
Daraus schlüpfen die Jungen.

Delfine werden aber lebendig geboren. Die jungen Delfine nennt man Kälber.

Sie säugen bei ihrer Mama die Muttermilch.

Deshalb sind Delfine Säugetiere.

Fische können im Wasser atmen.
Sie haben Kiemen.

Delfine müssen zum Luftholen auftauchen.
Einen Schnorchel brauchen sie nicht. Sie haben eine Lunge, genau wie wir Menschen.

Auch deshalb sind es Säugetiere.

Delfine leben in großen Gruppen. Solche Gruppen werden Schulen genannt.

Gemeinsam können sie das Meer besser beobachten. Sie verfolgen oft Schiffe, um auf deren Wellen zu reiten.

Sie gehen gemeinsam auf Jagd. Sie erkennen Gefahren.

Sie spielen auch in der Gruppe.

Delfine springen hoch aus dem Wasser. Das machen oft mehrere gemeinsam.

Kopfüber stürzen sie ins Meer zurück. Sie nehmen gleich wieder Anlauf und springen erneut.

Das machen sie immer und immer wieder.

Es sieht wie ein Tanz aus.

Ihre Sprünge machen sie auch aus einem anderen Grund.

Da es kluge Tiere sind, halten sie Ausschau nach Möwen, wenn sie aus dem Wasser springen.

Sie wissen, wo die Möven sind, sind auch Fischschwärme.

Fische essen Delfine am liebsten.

Delfine leben räuberisch. Sie jagen und erbeuten Tintenfische und andere Tiere, die im Wasser leben.

Hauptsächlich essen sie aber Fische. Manche Delfine schaffen 10 Kilogramm am Tag. Das ist ein großer Eimer voll.

So viel können sie nicht mit einer Angelrute fangen. Da müssen sie als Gruppe auf Jagd gehen.

Delfine müssen bei der Suche nach Futter oft weit schwimmen und tief tauchen.

Das schaffen die Kleinen noch nicht. Sie müssen dann in den Kindergarten.

Eine Mama passt in der Zeit auf die Kleinen auf.

Delfine helfen und beschützen einander.

Wenn eine Mama ihr Baby bekommt, muss dieses Kleine gleich an die Wasseroberfläche, damit es Luft atmen kann.

Ein anderes Muttertier stößt mit der Schnauze das Baby nach oben.

Auch kranken Tieren wird so geholfen.

Bei Gefahr helfen sie sich und halten zusammen.

Der Hai ist ein Feind der Delfine.

Sie greifen den Hai aber gemeinsam an.

Vor dieser großen Gruppe bekommt er dann Angst und flüchtet.

Sie helfen nicht nur sich untereinander. Es wird erzählt, dass sie auch schon Menschen vor dem Ertrinken gerettet haben.

Dazu haben sie keinen Rettungsring.

Dass man aber zum Luftholen an die Wasseroberfläche muss, wissen sie.

Deshalb helfen sie.

Die größten Gefahren für Delfine sind die Netze der Fischer.

Wenn er sich darin verfängt, kann er nicht mehr zum Luftholen auftauchen. Er muss ertrinken.

Da können auch die anderen von der Gruppe nicht helfen.

Ertrinken würde der Delfin auch, wenn er so wie wir Menschen im Bett schlafen würde. Er muss auch beim Schlafen zum Luftatmen an die Wasseroberfläche.

Deshalb schläft beim Delfin auch nur die eine Hälfte des Gehirns.

Die andere Hälfte bleibt wach und erinnert an das Luftholen.

Hat die erste Seite ausgeschlafen, tauschen beide Seiten die Rollen.

Delfine können sich auch unterhalten. Dabei hören sie zehnmal so gut wie wir Menschen.

Sie rufen andere Delfine über große Entfernungen. Natürlich haben sie dazu kein Handy.

Sie haben eine Sprache, die sich wie Knacken, Schnattern und Pfeifen anhört.

Die meisten Töne können wir Menschen gar nicht hören.

Delfine sind überhaupt sehr kluge Tiere.

Sie zählen zu den wenigen Tierarten, die sich selbst im Spiegel erkennen können.

Das können eigentlich nur noch der Elefant, der Schimpanse, der Orang-Utan und ganz wenig andere Tiere.

Weil es so kluge Tiere sind, lernen sie schnell, etwas nachzumachen.

Sie lernen durch Reifen springen und Übungen mit dem Ball.

Delfine werden deshalb gern in Zoos gehalten, um dort den Leuten dieses vorzuführen.

Die Menschen bedenken jedoch nicht, dass die Tiere in diesen kleinen Becken krank werden.

Die immer gleiche Umgebung der kleinen Becken wird den klugen Tieren zu langweilig.

Viel lieber würden sie im großen Meer schwimmen. Delfine sind schließlich auch große Tiere.

Die meisten Delfine sind 2 bis 4 Meter lang und wiegen 150 bis 200 Kilogramm.

Delfine sind auch sehr gute Schwimmer. Mit ihrer Körperform und ihrer besonders glatten Haut schaffen sie 25 Kilometer in der Stunde.

Weißt du, wie schnell das ist?

Wenn ein Delfin mit dem Fahrrad und ein Schwimmer einen Wettkampf machen, wird der schwimmende Delfin Sieger sein. So schnell schwimmt er.

Viele Menschen werfen Müll und alte Plastik in die Natur.

Diese Abfälle gelangen über Regen und über Flüsse bis in das Meer.

Das ist gefährlich für die Delfine. Sie vergiften sich und werden dadurch krank. Damit die Delfine ein sauberes Zuhause haben werfen wir keine alte Plastik in die Natur.

Dafür bedanken sie sich mit ihrem immer lächelnden Gesicht.

④

⑳   ⑮

24

19

26

⓭

㉑

⑱

22

12

11

32

⓵⓪

⓵⓻

⓵④

34

⑥

⑤